건이의 독후감

글 윤희솔 | 독후감 건이 | 그림 성현정(아이앤드로잉)

위즈덤하우스

독후감은 왜 쓸까요?

 "독후감 때문에 책 읽기가 싫어요!"
"책만 재미있게 읽으면 됐지, 왜 독후감을 써야 하나요?"

솔 샘네 반에는 독후감 쓰기가 어렵다는 친구들이 있어요. 어른도 글쓰기는 어렵답니다. 이렇게 쓰기 어려운 독후감을 왜 써야 할까요?

독후감을 쓰면 생각하는 힘을 기를 수 있어요. 뇌를 연구하는 학자들은 책을 읽을 때 뇌가 엄청나게 활발하게 움직이는 것을 발견했어요. 책을 읽으면 우리도 모르게 많은 생각을 하게 되는데, 그런 생각은 보통 마구 헝클어져 있어서 날아가 버리기 쉽다고 해요. 독후감을 쓰면 책을 읽으면서 떠오른 생각뿐 아니라 새로운 생각이 꼬리에 꼬리를 물고 이어지고, 그런 생각은 글을 쓰면서 정리됩니다. 생각 주머니를 키우는 사고의 확장과 수렴이 한번에 이루어지는 활동이 바로 독후감 쓰기랍니다.

또 독후감을 쓰면 책 속의 지혜를 나의 삶으로 끌어올 수 있어요. 책을 읽으며 알게 된 점, 느낀 점을 몇 줄이라도 쓰면 책에 나온 내용을 더 잘 이해하고 기억하게 돼요. 그렇게 익힌 지식은 자기도 모르는 사이에 생활에 적용하게 되고, 이러한 과정을 반복하면 점점 더 지혜로워지겠지요?

 건이도 독후감을 쓸 때 힘들어했어요. 하지만 쓰고 나서는 얼마나 뿌듯해했나 몰라요.

 "내가 이런 생각을 했었네!"

 "이런 내용도 책에 있었구나!"

 그러면서 싱긋 웃었지요. 여러분도 건이와 같이 독후감을 쓰고 나서 이렇게 말할 수 있길 바라 봅니다.

 "아하! 독후감 덕분에 책이 좋아졌어!"

등장인물

건이

엉뚱하고 까불거리는 모습만 있는 줄 알았다면 오해다. 알고 보면 새로운 시선으로 책을 바라볼 줄 아는 문학 소년. 그나저나 어느 날부터인가 건이에게 신비한 능력이 생겼다. 책이 빛나기 시작하면, 책 속 세상으로 잠시 여행을 떠날 수 있게 된 것이다!

후야

동생 건이와 늘 티격태격 다투지만 은근슬쩍 져 주곤 하는 마음 넓은 형.
호기심 많고 순둥순둥한 성격에 책 읽기를 좋아한다.
건이와 함께 책 속 세상으로 여행을 떠나며 한층 성장한다.

엄마(솔 샘)

가족과 함께 책을 읽고 이야기하는 시간이 가장 행복한, 건이와 후야의 엄마. 평소엔 자상하고 이해심이 많지만, 한번 화가 나면 무섭게 돌변한다!

아빠

친구처럼 다정한 건이와 후야의 아빠. 건이와 후야의 말을 잘 들어 주고 요리도 잘하는 슈퍼맨이다.

건이의 반 친구들

연이
항상 거울을 분신처럼 곁에 두는, 마음 따뜻한 거울 공주.

희야
공부면 공부, 운동이면 운동! 뭐든 잘하는 만능 소녀.

쿠조
서툰 한국말로 가끔 정곡을 찌르는, 가나에서 온 친구.

완이
해리 포터를 너무나 사랑하는, 못 말리는 장난꾸러기.

차례

솔 샘의 말 독후감은 왜 쓸까요?
등장인물

1화 인사할까, 말까? ---------- 10
- 건이의 진짜 독후감 ---------- 20
- 솔 샘의 독후감 쓰기 1 재미있는 책을 찾아요 ---------- 32
- 직접 해 보기 재미있는 책을 뽑아요

2화 화가 호로록 풀리는 책 ---------- 36
- 건이의 진짜 독후감 ---------- 46
- 솔 샘의 독후감 쓰기 2 독후감이란 무엇일까요 ---------- 48
- 직접 해 보기 독서 마인드맵을 그려 봐요

3화 만복이네 떡집 ---------- 52
- 건이의 진짜 독후감 ---------- 62
- 솔 샘의 독후감 쓰기 3 독후 감상화로 색다르게 표현해요 ---------- 64

4화 나무들이 재잘거리는 숲 이야기 ---------- 66
- 건이의 진짜 독후감 ---------- 78
- 솔 샘의 독후감 쓰기 4 편지글 형식으로 쓰는 독후감 ---------- 82
- 직접 해 보기 편지를 써 봐요

5화 선생님, 바보 의사 선생님 — 86
건이의 진짜 독후감 — 96
솔 샘의 독후감 쓰기 5 요약하는 연습을 해요 — 110

6화 팥죽 할멈과 호랑이 — 112
건이의 진짜 독후감 — 124
솔 샘의 독후감 쓰기 6 좋은 독후감이란? — 134

7화 만화로 시작하는 초등 글쓰기 — 136
건이의 진짜 독후감 — 146
솔 샘의 독후감 쓰기 7 원고지에 글을 쓰면 좋은 점 — 152
솔 샘의 독후감 쓰기 8 원고지에 글을 쓰는 방법 — 154
직접 해 보기 원고지에 직접 써 봐요

작가의 말 — 158

건이의 진짜 독후감

　　　　　인사, 나도 한
　　　　「인사할까, 말
　　　　　　　　　　학
아빠, 엄마, 형이랑
말까?」를 읽었다.
왜 이 책을 같이
안다. 내가 멜리베이

번　해봐야지!
까?　ㅁ를　읽고
　　　초등학교
년　　반　　　　
　　　　　　　
　같이　『인사할까,
나는　아빠,　엄마가
읽자고　했는지　다
터에서　인사를　안

하는 버릇을 고치라
엄마는 아니라고 하
다. 내가 인사 안
한두 번인가 뭐.
우리 집은 10층이
가면 얼마나 좋을까
기다려도 되고, 막
그런데 내년에 이사
진짜 설상가상이다.
싶은 제일 큰 이유

고 읽자고 한 거다.
지만 나는 안 속는
해서 혼난 게 어디

다. 1층으로 이사
엘리베이터를 안
뛸 수도 있으니까.
할 집은 29층이다.
내가 1층에 살고
는 엘리베이터 때문

이다. 기다리는 것도 마랑 같이 엘리베이터에서 만난 시하면 엄마가 노려보형아는 엄마 따라서 나는 말이 잘 안사룰 잘하는 형을 울 쓰다듬어 주는 게 베이터에서 내리자마도망친 적도 있다.

 솔직한 마음을 쓰면, 독후감이 살아나요! No.3

딱 질색이지만, 엄터를 탔을 때 엘리람들에게 인사를 안 는 게 진짜 싫다. 인사를 잘 하는데 나온다. 어른들이 인 칭찬하고, 엄마도 형 보기 싫어서 엘리자 형을 확 밀고

"길에서 어른을 보고 '안녕하세요?' 싫어 싫어."라는 부분이 딱 누는 건 내 마음인데 난 적도 없는 사람이라고 하는지 모르게서 엘리베이터에서 나를 시럽다고도 했다. 말원했다.

> 책에서 마음에 드는 부분을 발췌해 쓰면, 책 속 문장이 내 마음속 문장이 돼요.

No. 4

만 나면 두 손을 모
?' 예쁘게 인사하라
 내 마음이야."
내 마음이다. 인사하
 엄마는 내가 만
한테 왜 인사를 하
다고 말했다. 엄마가
 노려보면 무섭고
하고 나니 속이 시

아빠랑 엄마는 나는 줄 몰랐다며 사리베이터에서 만나는 에 사는 이웃이니까 라고 하셨다. 책에서 이상한 짓을 하던 게 인사하고 나서 아짐 것처럼 인사를 진댔다. 형도 인사를 는 것보다 인사를

가 그렇게 힘들어 한
과 하였다. 그런데 엘
사람은 우리 통로
인사하는 게 예의
인사를 안 하고
솔이랑 호미가 예쁘
생글생글 기분이 좋
하면 기분이 좋아
할까 말까 고민하
하고 나면 개운하다

고 그랬다. 아빠, 엄
장구를 치셨다.
 인사가 양치질도
형의 말을 믿을 수
아빠도 그렇다고 하
와 훈이의 기쁨이
기를 내서 인사를
"안녕하세요?"

아가 형의 말에 맛

아닌데 개운하다고?
가 없지만, 엄마랑
고, 책에서도 술이
좋아졌다고 하니 용
해봐야겠다.

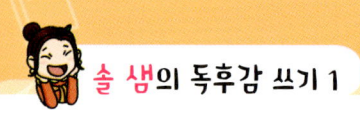 솔 샘의 독후감 쓰기 1

재미있는 책을 찾아요

독후감을 쓰려면, 우선 책을 읽어야겠지요?
재미있는 책을 찾으면, 독후감을 쉽게 쓸 수 있어요.
재미있는 책 제목을 알려 달라고요? 그건 좀 어려워요.
다른 사람이 재미있게 읽은 책이라도 여러분에겐 재미없을 수도 있거든요.
재미있는 책은 여러분이 직접 찾아야 해요.
하지만 선생님이 재미있는 책을 알아보는 방법은 알려 줄 수 있어요.

이 책에는 건이가 재미있게 읽은 책이 들어 있어요. 여러분이 교과서에서 만난 책이기도, 건이의 책꽂이에 꽂혀 있는 책이기도 하지요. 여러분에게 재미있는 책은 무엇인가요?

재미있는 책을 고르는 꿀팁

1. 표지를 유심히 살펴요.
2. 직접 도서관 또는 서점에 가서 몇 페이지 읽어 봐요.
3. 친구들에게 추천을 받아요.
4. 지금 당장 제일 인기 있는 책보다는 꾸준히 인기가 있는 책을 골라요.
5. 재미있게 읽은 책의 작가가 쓴 다른 책을 찾아봐요.

> 직접 해 보기

재미있는 책을 뽑아요

제목

지은이

나만의 별점
☆ ☆ ☆ ☆ ☆

표지를 그려 보세요.

재미있었던 점

여러분이 재미있게 읽은 책은 무엇인가요? 책의 제목과 지은이를 쓰고, 어떤 점이 재미있었는지 자유롭게 적어 보아요.

제목

지은이

나만의 별점
☆ ☆ ☆ ☆ ☆

표지를 그려 보세요.

재미있었던 점

2화 화가 호로록 풀리는 책

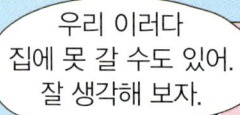

건이의 진짜 독후감

≪화가 호로록 풀리는 책≫을 읽고,

화가 났을 때의 기분과 마음을 마인드맵으로 나타내니, 독후 활동이 색다르고 재미있어요!

화가 호로록 풀리는 법 마인드맵 그리기!

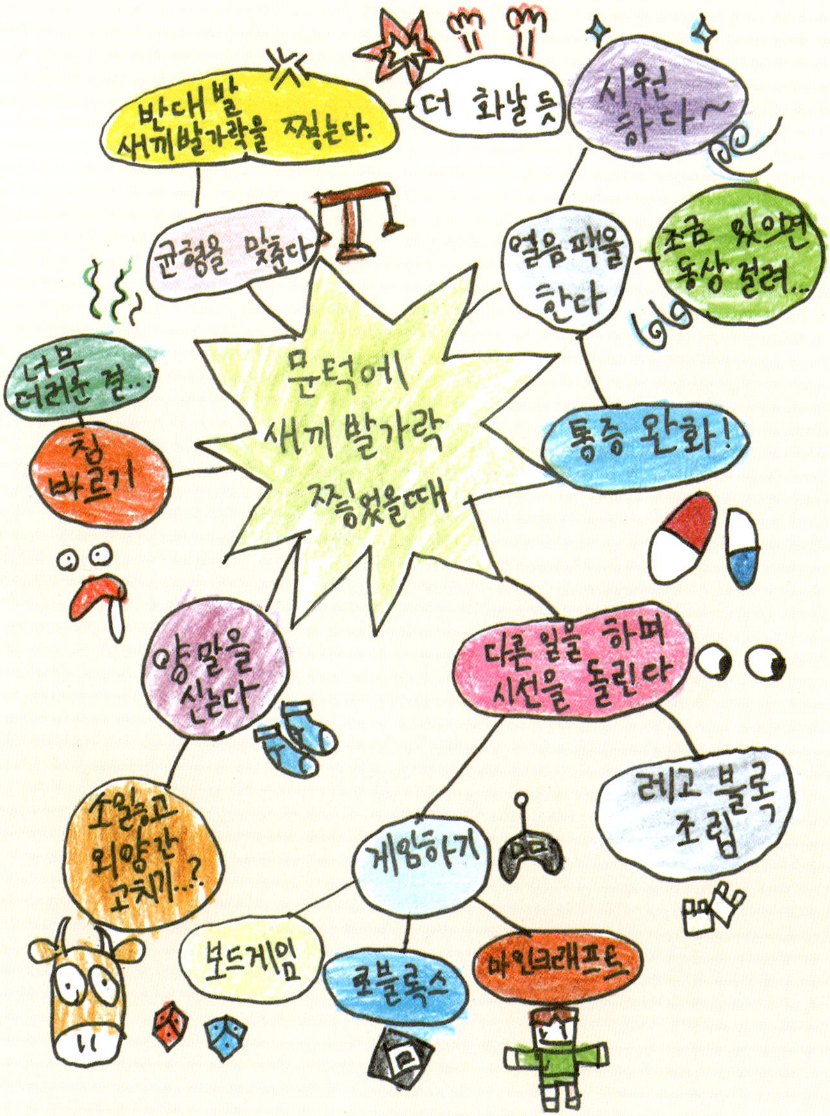

문턱에 새끼 발가락 찧었을때

- 반대 발 새끼발가락을 찧는다. → 더 화날듯
- 시원하다~
- 균형을 맞춘다
- 얼음팩을 한다 → 조금 있으면 동상 걸려…
- 너무 더러운 점… → 침 바르기
- 통증 완화!
- 양말을 신는다
- 소일고 외양간 고치기…?
- 다른 일을 하며 시선을 돌린다
  - 레고 블록 조립
  - 게임하기
    - 보드게임
    - 로블록스
    - 마인크래프트

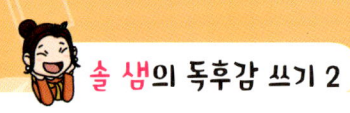 솔 샘의 독후감 쓰기 2

독후감이란 무엇일까요?

국어 교과서에서는 독후감을 '책을 읽은 뒤에 책을 읽게 된 까닭, 책 내용, 인상 깊은 부분, 책을 읽은 뒤에 든 생각이나 느낌 따위를 쓴 글'이라고 소개해요. 독후감에 무엇이 들어가야 하는지 딱 알겠지요? 그럼, 독후감에 어떤 내용이 들어가야 할지 함께 알아보아요.

1) 책을 읽게 된 까닭

책을 어떻게 읽게 되었는지에 관한 이야기를 쓰면 돼요. 책꽂이에 꽂혀 있어서, 친구가 읽고 있어서 등 책을 만난 이야기를 간단하게 쓰세요.

2) 책 내용

책의 내용을 쓸 때는 중심 생각을 잘 파악해서 간단하게 써요. 읽은 내용을 요약하는 방법은 다음 팁(p110)에서 자세히 알려 줄게요.

3) 인상 깊은 부분

읽은 내용 중 특별히 기억나는 부분을 콕 집어 써 보세요. 왜 그 부분이 여러분에게 인상 깊었는지, 어떤 생각이 들었는지를 쓰면 됩니다.

4) 책을 읽은 뒤에 든 생각이나 느낌

독후감에서 제일 중요한 부분이에요. 책을 읽으면서, 또는 책을 읽은 후에 든 감상, 즉, 어떤 생각이나 느낌이 들었는지를 써 보세요.

여기서 잠깐!

책을 읽고 난 다음에는 독후감뿐 아니라 독후 감상화, 마인드맵*, 편지 쓰기 등 다양한 방법으로 자유롭게 생각과 느낌을 표현할 수 있답니다. 건이의 다양한 독후 활동도 눈여겨 살펴보고 함께 해 봐요!

----

*마인드맵은 '생각 그물'이라고도 해요. 마음속에 지도를 그리듯이 생각이나 느낌, 줄거리 등을 정리하는 방법이랍니다.

직접 해 보기

독서 마인드맵을 그려 봐요

마인드맵으로 독후 감상을 정리하면, 한눈에 보기 쉬울 뿐 아니라 상상력을 키우는 데도 도움이 돼요. 건이의 마인드맵을 참고해서 나만의 독서 마인드맵을 완성해 보세요.

3화 만복이네 떡집

 건이의 진짜 독후감

≪만복이네 떡집≫을 읽고

건이는 치타 떡을 먹고 싶은 마음을 그림으로 나타냈군요.
여러분은 어떻게 표현할래요?

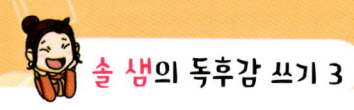

독후 감상화로 색다르게 표현해요

그림으로도 책을 읽고 난 느낌과 생각을 표현할 수 있어요. 책을 읽기 전, 책을 읽으면서, 책을 읽고 난 후에 떠오르는 장면이나 이어질 이야기 등을 그림으로 나타내면 돼요. 그런데 책에 있는 그림을 그대로 따라 그리는 게 독후 감상화라고 생각하는 친구들이 많아서 안타까워요. 여러분의 느낌과 생각이 드러나는 그림을 어떻게 그릴 수 있을까요? 네 가지 방법을 소개할게요.

방법 1) 등장인물 그리기

등장인물의 나이, 성격, 생김새를 상상해 보세요. 뽀로로나 타요처럼 인물의 성격이나 외모를 떠올려 캐릭터로 그려 보는 것도 재미있을 거예요.

방법 2) 인상 깊은 장면 그리기

처음엔 책에 있는 그림을 참고해서 그리다가 점점 여러분이 직접 인상 깊은 장면을 골라 그려 보세요. 언제, 어디서 일어난 일인지를 살펴보고, 등장인물은 어떤 몸짓과 표정을 지었을지 생각해 그려 보세요.

방법 3) 이야기의 앞뒤 내용 그리기

등장인물의 어린 시절은 어땠을까? 왜 이런 일이 벌어졌을까? 이후로는 정말 주인공이 행복하게 살았을까? 등 상상을 해 보세요. 머릿속에 떠오르는 장면을 그림으로 나타내면 더 재미있는 감상화를 그릴 수 있어요.

방법 4) 책 표지 그리기

책 표지는 책의 전체 내용이나 분위기를 담고 있어요. 여러분이 그림 작가라면 책 표지를 어떻게 디자인하고 싶은지 고민하면서 책을 읽어 보세요. 책이 새롭게 다가올 겁니다.

그 밖의 방법

그 밖에도, 재미있었던 장면을 만화로 재구성해 보거나, 마음대로 결말을 다시 그려 보는 등 다양한 방법이 있어요. 독후 감상화를 그린 뒤 친구와 바꿔 보고, 서로 어떤 책을 읽고 그림을 그렸는지 맞혀 보아도 좋아요.

4화 나무들이 재잘거리는 숲 이야기

이게 네가 지키라던 비밀이야?
우리가 숲에 왔어!
...
응. 나도 영문을 모르겠는데, 책이 빛나면 책 속 세상을 잠깐 여행할 수 있어.
핫!
그럼 얼마 전에 내가 완이네 떡집에 간 게 꿈이 아니었구나!
그걸 이제 알았냐?
정신 차려. 숲을 지켜야지!
자, 우리는 숲을 지키는!
숲! 어벤져스!

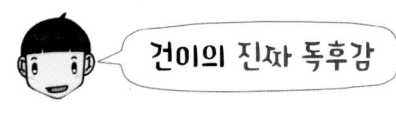

≪나무들이 재잘거리는 숲 이야기≫를 읽고

브라질 보우소나루 대통령님께,
대통령님, 안녕하세요? 저는 대한민국에 사는
초등학교 ▨▨ ▨▨▨ 이라고 합니다. 대통
령님은 저를 전혀 모르시겠지만, 저는 오늘
아침 뉴스에 나온 대통령님을 보서 잘
알아요. 브라질에 코로나 19가 심각해서 걱정이
많으실 것 같은데, 저는 코로나 19만큼 아마존이
걱정돼서 편지를 쓸 수밖에 없었어요.
엄마께 여쭤보니 브라질은 포르투칼어를
쓴다고 하더라고요. 제가 아직 영어도 간신히
배우고 있어서 우선은 이렇게 한국어로
써요.

오늘 아침 JTBC 뉴스에 나무들이 엄청나게
많이 쓰러지는 걸 봤어요. 불도저가 나무를
다 밀어버리더라고요. 불도저와 산불로 죽어가는
아마존을 보다가 『나무들이 재잘거리는 숲 이야기』
에서 읽은 내용이 생각났어요. 그 책에는 아마존을
남반구에서 제일 큰 숲이라고 소개해요. 그런데
1년 동안 서울의 17배가 넘게 아마존 밀림이
사라졌다는 뉴스를 보니, 이제 곧 그 책 내용을
바꿔야겠어요. 책 내용이 바뀌는 것도 슬프지만
어쩌면 슬퍼할 수도 없을 거예요. 숲이 파괴

되면 사람도 죽게 될 텐데, 죽은 사람은
슬퍼할 수도 없잖아요.

 뉴스에서는 보우소나루 대통령님이 열대우림
개발을 권장해서 기업들이 아마존에 있는 나무를
다 베고, 광물을 캐면서 환경오염까지
일으키고 있다고 나왔어요. 이게 정말인가요?
대통령님? 우리나라에도 대통령이 계세요. 국민이
우리나라를 잘 이끌어달라는 뜻을 모아 투표
해서 당선된 분이 대통령이세요. 브라질 국민도
우리처럼 브라질을 더 잘 살게 만들어 달라고
보우소나루 대통령님을 뽑았을 텐데, 정말
열대우림을 그렇게 다 없애도 된다고 하신
거예요? 믿을 수가 없어서 대통령님께 직접
여쭤보고 싶어요.

 제가 브라질 국민이라면, 남반구에서 가장
큰 숲을 가진 나라의 국민이라는 게 정말
자랑스러울 것 같아요. 다른 나라에서는 따라서
만들려고 해도 못 만드는 엄청나게 큰 산소
공장이 있는 거잖아요. 그것도 아주 깨끗한
공기를 만드는 아름다운 공장이요. 제가 읽은
책에서도 자연은 돈으로 따질 수 없을

정도로 가치가 너무너무 크다고 나오거든요. 아무리 부자 나라도 아마존 같은 숲은 못 만들 거예요. 그런데 그렇게 소중한 아마존을 고작 소고기와 광물 때문에 없애다니요!

보우소나루 대통령님, 제발 아마존의 열대 우림을 해치지 말아 주세요. 나무는 아낌없이 우리에게 다 줘요. 종이, 고무, 껌, 병마개, 콜라, 기름 껌까지 주잖아요. 게다가 1분만 없어도 살 수 없는 산소도 주고요. 숲이 사라지면 지구가 더 더워지고, 날씨도 이상해지고, 결국 산소도 없어져서 아무도 살 수 없는 별이 될 거예요. 저는 산소통을 메고 다니고 싶지 않아요. 마스크도 답답한데, 산소통까지 메고 다니면 끔찍할 거예요. 대통령님도, 대통령님의 가족도 산소가 꼭 필요하다는 것을 잊지 말아 주세요.

제가 영어를 배우고 포르투갈어도 배울 때쯤에는 대통령님께 아마존을 지켜주셔서 감사하다는 편지를 쓰고 싶어요. 대통령님과 브라질 국민 모두 건강하고 행복하길 응원할게요. 다시 편지로 만날 때까지 안녕히 계세요. 아마존을 꼭 지켜주세요.

지구의 허파를 지키고 싶은 대한민국 초등학생 올림

건이는 뉴스를 보고 책 내용을 떠올려 편지를 썼네요.
여러분도 주인공뿐 아니라 책을 보고 떠오른 사람을 찾아
편지를 써 보세요. 책이 여러분의 삶으로 훅 들어올 거예요.

편지를 쓴 날짜도 잊지 말고 쓰세요!

솔 샘의 독후감 쓰기 4

편지글 형식으로 쓰는 독후감

독후감 쓰기가 어려우면, 편지글로 시작해 보세요. 받는 사람이 바로 앞에 있다고 생각하고 하고 싶은 말을 쓰면 되니까 다른 글보다 쉽게 쓸 수 있어요. 책을 읽고 편지를 받는 사람을 정해, 다음과 같이 하고 싶은 말을 써 보아요.

1) 나 자신

예) 건아, 환경 오염과 기후 변화가 이렇게 나와 관계가 있는 줄 몰랐지? 우리 꼭 숲을 지키고, 기후 변화를 막기 위해 노력하자. ……

2) 글쓴이

예) 김남길 작가님, 안녕하세요? 저는 OO초등학교 2학년 건이라고 해요. 작가님께서 쓰신 《나무들이 재잘거리는 숲 이야기》를 읽고, 숲이 얼마나 소중한지 알게 됐어요. ……

3) 책 속 등장인물

　예) 고마운 나무야, 안녕? 난 건이라고 해. 나는 그동안 너희들이 얼마나 소중한지 잘 몰랐던 걸 사과하려고 편지를 쓰는 거야. ……

4) 책을 소개하고 싶은 사람

　예) 보고 싶은 사촌, 채준아. 그동안 잘 지냈어? 『나무들이 재잘거리는 숲 이야기』를 너에게 소개하고 싶어. 왜냐하면, ……

5) 그 밖에 책을 읽고 떠오르는 사람 등

　예) 숲을 자꾸 해치는 사람들에게
숲은 우리의 생명을 지켜 줘요. 당장 눈앞의 돈 때문에 사람의 생명을 죽이는 일을 하지 말아 주세요.……

직접 해 보기

편지를 써 보요

편지를 받을 사람을 정했다면, 책을 읽고 들었던 생각을 편하게 써 내려가 보아요.

에게

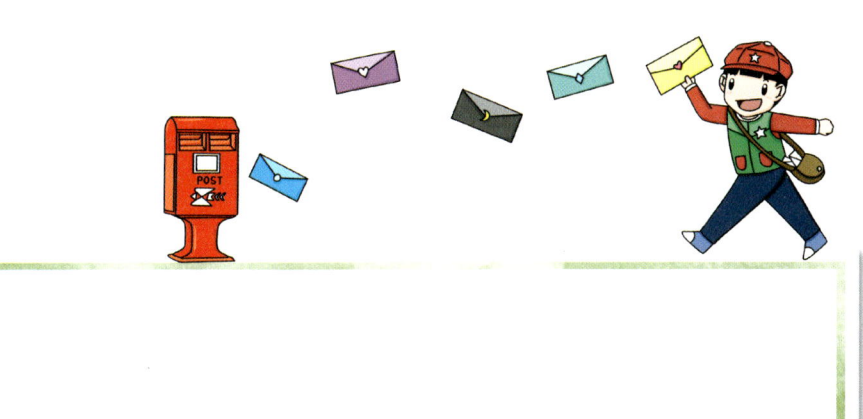

5화 선생님, 바보 의사 선생님

건이의 진짜 독후감

　　바보 되기가 이

　『선생님, 바보 의

　　　　　　　　　학

학교에서 장래 희

나는 축구 선수를

친구 35명 중에서

다. 의사가 되려면

렇게 어렵다니!
사 선생님을 읽고
초등학교
큰 ▨ 반 ▨▨▨

망 그리기를 했다.
그렸는데, 우리 반
l명이 의사를 그렸
공부를 무지무지 잘

해야 하고, 또 공부
해야 한다고 했는더
이 하고 싶나?
　집에 와서 엄마한
11명의 장래 희망이
　"건이는 의사 치
라고 하셨다. 의사
뿔 게 없겠다. 의사
축구공이라도 사줄
다치면 친구에게 치

를 엄청나게 많이
그렇게 공부를 맣

테 우리 반 친구들
의사라고 말했더니
구 많아서 좋겠네."
친구가 많으면 나
면 부자니까 나한테
수 있고, 축구하다가
료를 받을 수도 있

으니 말이다. 어쩌면 보 의사 선생님' 같 모른다.

"선생님, 바보 의 교과서에서 처음 읽 리를 다쳤는지, 기 오 궁금해서 도서관에서 앉다. 기오는 무릎이 전쟁 때 돌아가시고 료를 받지 못하다가

국어 교과서에 나온 작품을 직접 찾아 읽어 보세요. 또 다른 감동이 밀려온답니다.

친구들 중에 '바"은 의사가 나올지도

사 선생님」은 국어겠다. 기오가 왜 다가 의사가 됐는지 책을 찾아 읽어보아 팠는데, 아버지는 집이 가난해서 치장기려 선생님에게

수술을 받았다. 아히원해서 목발을 짚고 기려 선생님은 병원들을 그냥 치료해 통째로 거지에게 주었는 마을에 가서 쳐졌다. 무료로 치료서 장기려 선생님은 있겠다. 의사는 돈을 기려 선생님은 그럴

그래서 기오가 입
다녔던 거였다. 장
비도 안 받고 사람
주고, 자기 월급을
기도 했다. 의사가
사람들을 공짜로 고
해주고, 돈도 나눠줘
가난할 수밖에 없
많이 번다는데, 장
게 가난한 걸 보고

사람들이 바보 의사 그런데 장기려 선아니다. 엄마가 외국적이 있는데, 의사를 받았더니 병원 비왔다고 했다. 엄마는 나라에서 해주고, 오받을 때도 돈이 만라가 최고라며 건강낸다고 하셨다. 이렇라고 불렀나보다.
생님은 절대 바보가
에서 두드리기가 난
한 번 만나고 연고
가 20만 원이나 나
코로나19 치료도
할머니가 항암치료를
이 안 드는 우리나
보험료를 감사하게
게 훌륭한 우리나라

건강보험을 장기려 라고 한다. 장기려니라 천재다.

형이 나를 바보라는데, '바보 선생님 훌륭해 보인다. 기오한 대로 의사가 됐사가 됐을 것 같다

나는 의사가 되고 명한 축구 선수가

선생님이   만드신   기
선생님은   바보가   아

고 놀리면   화가   나
에   불은   바보는
도   어렸을   때   결심
가. 기오도   바보   의

싶지는   않지만, 유
되면   돈을   많이   벌

수 있으니, 가난해서는 어린이를 도와야 해서 가난해서 되면 선수'가 되려나? 선생님처럼 가난하게 바보 축구 선수가 낭 좋은 축구 선수 되기가 이렇게 어렵

치료를 받지 못하
겠다. 기부를 많이
나도 '바보 축구
그런데 나는 장기려
살고 싶지는 않다.
틸 자신이 없고, 그
가 되어야겠다. 바보
다니!

요약하는 연습을 해요

우리 반 학생들이 쓴 독후감을 보면 책 내용만 잔뜩 쓰여 있는 경우가 많아요. 글 전체의 흐름을 파악하고, 주요 내용을 써야 하므로 요약하는 건 어려우면서도 중요해요. 그래서 요약을 잘하려면 '연습'이 필요하답니다. 한번에 요약을 잘하는 사람은 없어요. 글의 종류에 따라서 줄거리를 간추리는 방법을 익히고, 연습해 봅시다.

1) 이야기 요약하기

이야기에는 사건의 흐름이 있어요. 이야기의 구조를 생각하며 한 문장씩 요약하면 돼요. 흥부와 놀부 이야기를 예로 들어 볼까요?

① 발단: 놀부는 부자인데도 가난한 동생인 흥부를 도와주지 않는다.
② 전개: 흥부가 제비의 다리를 치료해서 받은 박에서 나온 보물로 부자가 됐다는 소식을 들은 놀부는 제비의 다리를 부러뜨려 치료한다.
③ 절정: 놀부의 박에서는 도깨비가 나와 놀부의 재산을 모조리 빼앗는다.
④ 결말: 놀부는 흥부에게 용서를 빌고, 두 형제는 사이좋게 지낸다.

2) 정보 글 요약하기

새롭게 알게 된 지식을 중심으로 쓰면 돼요. 수원 화성에 관한 글을 읽었다면 이렇게 요약할 수 있겠지요.

① **새롭게 알게 된 점**: 수원 화성은 일제 강점기와 6.25 전쟁으로 훼손되었지만, 원래 모습으로 다시 만들어졌다.
② **궁금한 점**: 수원 화성의 옛날 모습을 어떻게 알고 복원했을까?
③ **전에 알고 있던 지식과 새로 알게 된 지식을 비교**: 수원 화성이 정조 때 만들어진 것은 알고 있었는데, 지금의 수원 화성은 《화성성역의궤》를 보고 원래 모습대로 복원됐다는 걸 새롭게 알게 됐다.

3) 인물 이야기 요약하기

인물이 한 일을 중심으로 요약해요. 주인공 외에 책에 나오는 인물이나 여러분이 알고 있는 다른 인물과 비교하는 것도 좋습니다.

① **인물이 한 일**: 김만덕은 제주도에서 태어나 12살에 고아가 되었지만, 장사로 돈을 많이 벌었다. 제주도에 심각한 흉년이 들자 전 재산으로 쌀을 사서 제주도 백성을 먹여 살렸다.
② **인물의 비교**: 김만덕이 전 재산으로 많은 사람을 살린 걸 보고, 카이스트 대학교에 700억이 넘는 재산을 기부한 이수영 회장님이 생각났다.

6화 팥죽 할멈과 호랑이

건이의 진짜 독후감

나는
『팥죽 할멈과

호

형이 유치원 때
이름 읽고 독서
했다고 자랑했다.
'치! 나도 골든

랑이 편!
호랑이□를 읽고
▓▓초등학교
큰 ▓반 ▓▓▓
"팥죽 할멈과 호랑
글든 벨에서 1등을
벨 대회에 나갔으면

1등을 했을 텐데 하는 생각에 눈어 있었다.
『팥죽 할멈과 호 을 잡아먹으려고 하 를 알밤, 자라, 물 저 석, 지게가 힘을 모 기다.
형은 독서 골든벨 을 먹은 순서랑 누

!,

불을 켜고 책을

랑이』는 팥죽 할멈
집채만 한 호랑이
똥, 송곳, 돌절구, 멍
아 물리친다는 이야

게서 호랑이가 골탕
가 어떻게 호랑이를

물리쳤는지 외웠다고
고 하는데 엄마가
"그걸 외워서 무
게 장면을 상상하
이 책에 흉내 나
꾸며주는 말을 찾
라고 하셨다.
'하긴, 진짜 골든
내가 고생할 필요
하고 다시 책을

> 책을 읽는 데 도움을 준 사람의 이야기도 독후감의 좋은 글감이 돼요.

했다. 나도 외우려

하게? 그냥 재미나
면서 읽어. 아니면
는 말이 재미있으니
으면서 읽던지."

빌 대회도 없는데
가 없지.'
읽었다. 처음 읽었을

때는 몰랐는데, 다시
불쌍하다는 생각이
나서 호랑이한테 집
부탁했으면 들어줬을
맛에 반해서 호랑이
친구가 되자고 했을
기분 좋게 배가 부
숙제도 기분 좋게
팥죽 할멈이랑 친구
도 팥죽 할멈을 잡

'만약에?'라는 질문은 여러분을 작가로 만들어 줄 거예요!

읽으니 호랑이가 들었다. 팥죽을 먹고 아 먹지 말아 달라고 지도 모른다. 팥죽 가 팥죽 할멈한테 수도 있다. 내가 르면, 어려운 수학 하는 것처럼 말이다. 들이 아무리 부탁해 가 먹으려고 할 때

공격해도 되는데, 기
조건 호랑이를 해친
호랑이 편이 아무도
라도 호랑이 편이
형이 옛날에 독서
번 1등 한 거 갖
났지만, 엄마랑 같이
어서 기분이 좋아졌
한 번 더 읽고, 아
물어봐야겠다.

회도 주지 않고 무건 너무 잔인하다. 없는 것 같다. 나 되어 줘야겠다.
골든벨에서 딱 한 고 자랑해서 짜증이 책을 재미있게 읽다. 이따가 아빠랑 빠는 누구 편인지

솔 샘의 독후감 쓰기 6

좋은 독후감이란?

독후감에는 '감상', 그러니까 책을 읽으면서 또는 읽고 난 후의 느낌과 생각이 잘 드러나야 한답니다. 읽은 책이 주인공이 아니라 책을 읽은 여러분이 주인공이 되어야 해요. 《토끼와 거북이》를 읽고 쓴 독후감을 함께 보면서, 책을 읽은 내가 주인공인 독후감이 무엇인지 알아볼까요?

1

옛날 옛적에 토끼와 거북이 살았다. 어느 날 토끼가 거북이를 느림보라고 놀리자, 거북이는 화가 나서 달리기 경주를 하자고 했다. 토끼는 한참 뒤에 있는 거북이를 보고 안심하고 중간에 낮잠을 잤다. 거북이는 열심히 달려 결국 거북이가 이겼다. 참 재미있었다.

아래 ①과 ② 중에 어떤 글이 좋은 독후감일까요? 책을 읽은 '나'의 솔직한 생각이 담긴 ②번이 좋은 독후감이랍니다. 물론 책의 내용을 잘 요약하는 것도 중요하지만, 줄거리가 대부분을 차지하는 글은 좋은 독후감이 아니에요.

'책을 읽은 나'가 중심이 되는 글을 여러분도 한번 써 볼까요?

2

거북이는 자기를 느림보라고 놀리는 토끼가 괘씸해서 달리기 경주를 하자고 했다. 내가 거북이였다면 질 것이 뻔한 경주를 하자고 하지 않았을 거다. 거북이는 용감한 걸까, 무모한 걸까? 아니면 그런 생각도 못할 정도로 화가 너무 나서 홧김에 경주를 시작했을까?

7화 만화로 시작하는 초등 글쓰기

건이의 진짜 독후감

　　내가 나오는 직
　
　
　　　　　　　　　학
　
나는 책이 좋아요
책상에 앉아서 보
배를 깔고 보는
비스듬히 소파에서

이 제일 좋아요

▨▨ 초등학교
ㄴ ▨ 반 ▨▨▨

는 책도 좋고
책도 좋고
보는 책도 좋아요.

잘 때 엄마가 일
아빠랑 한 줄씩
밥 먹을 때 형이
아침에 혼자 읽는
모두 모두 좋아요

여우가 나오는 책
공주님이 나오는
공룡이 나오는 책

어주는 책
읽는 책
랑 같이 읽는 책
책

도
책도
도

장군님이 나오는

이 세상에 모든
내가 진짜 진짜
바로 바로
내가 나오는 책이

책도 좋아요.

책 중에
좋아하는 책은

랍니다!

솔 샘의 독후감 쓰기 7

원고지에 글을 쓰면 좋은 점

건이는 원고지에 글을 쓸 때가 많아요. 솔 샘도 우리 반 친구들과 글을 쓸 땐 원고지에 쓰고요. 원고지를 사용하는 이유는 무엇일까요?

1) 글의 분량을 가늠할 수 있어요

원고지는 원래 원고의 양을 가늠하기 위해 쓰기 시작했어요. 요즘엔 주로 컴퓨터나 앱의 워드 프로그램을 사용해 글을 써서 원고지에 글을 쓰는 일이 줄었지만, 여러분은 손 글씨로 글을 쓸 때가 많아서 글의 분량을 확인하면서 써야 하죠. 원고지는 글자의 크기나 여백과 관계없이 글의 양을 확인할 수 있게 해 줍니다.

2) 글의 형식을 정확히 알 수 있어요

원고지에는 제목, 소속(학교, 학년, 반 등), 이름, 본문을 쓰는 위치가 정해져 있어요. 또, 새로운 문단을 쓸 때는 줄을 바꾸고 한 칸을 들여 쓰지요. 이렇게 원고지에 글을 쓰면 글의 형식을 정확히 알 수 있답니다.

3) 띄어쓰기와 문장 부호를 익히고, 글씨 연습을 할 수 있어요

보통 한 칸에 한 글자씩 또박또박 써야 하므로 띄어쓰기에 유의하며 글을 쓸 수 있어요. 문장 부호도 잊지 않고 정확히 쓰게 되지요. 칸 안에 글자를 써야 하므로 글씨체를 연습하는 데에도 좋아요.

4) 글을 고칠 때 편리해요

원고지는 나중에 글을 고칠 수 있도록 줄과 줄 사이가 조금씩 띄어 있어요. 글을 쓰는 것도 중요하지만, 글을 쓰고 나서 여러 번 읽고 고치는 과정이 꼭 필요하거든요. 원고지에 글을 쓰면, 퇴고(글을 쓸 때 여러 번 고치고 다듬는 일)할 때 편리합니다.

솔 샘의 독후감 쓰기 8

원고지에 글을 쓰는 방법

1) 제목은 두 번째 줄 가운데에 써요. 독후감을 쓸 때 책 제목은 부제로 쓰는 게 좋아요.

2) 소속과 이름은 제목 다음 줄부터 오른쪽에 치우치게 써요.

- 제목: 나는 호랑이 편!
- 부제: 『팥죽 할멈과 호랑이』를 읽고
- 소속: 　　초등학교
- 이름: 　학년　반

본문:
형이 유치원 때 『팥죽 할멈과 호랑이』를 읽고 독서 골든벨에서 1등을 했다고 자랑했다.
'치! 나도 골든벨 대회에 나갔으면

3) 본문은 이름을 쓴 다음 줄을 비우고, 그 다음 줄의 첫 칸을 비우고 써요.

4) 문단이 바뀔 때만 첫 칸을 비우고 쓰는 걸 잊지 마세요. 오른쪽 끝을 띄어 써야 할 때도 첫 칸은 비우지 않아요.

원고지를 쓰는 방법은 조금씩 달라요. 여기에선 가장 많이 사용하는 방법을 알려 줄게요.

물	리	쳤	는	지		외	웠	다	고		했	다	.		나	도		외	우	려
고		하	는	데		엄	마	가												
	"	그	걸		외	워	서		뭐	해	게	?		그	냥		재	미	나
	게		장	면	을		상	상	하	면	서		읽	어	.		아	니	면
	이		책	에		흉	내		내	는		말	이		재	미	있	으	니
	꾸	며		주	는		말	을		찾	으	면	서		읽	던	지	.	"	
라	고		하	셨	다	.														
	"	하	긴	,		진	짜		골	든	벨		대	회	도		없	는	데	
	내	가		고	생	할		필	요	가		없	지	.	"						
하	고		다	시		책	을		읽	었	다	.		처	음		읽	었	을	

5) 큰 따옴표와 작은 따옴표가 있는 문장은 따옴표가 끝날 때까지 왼쪽 첫 칸을 비워요.

직접 해 보기

원고지에 직접 써 봐요

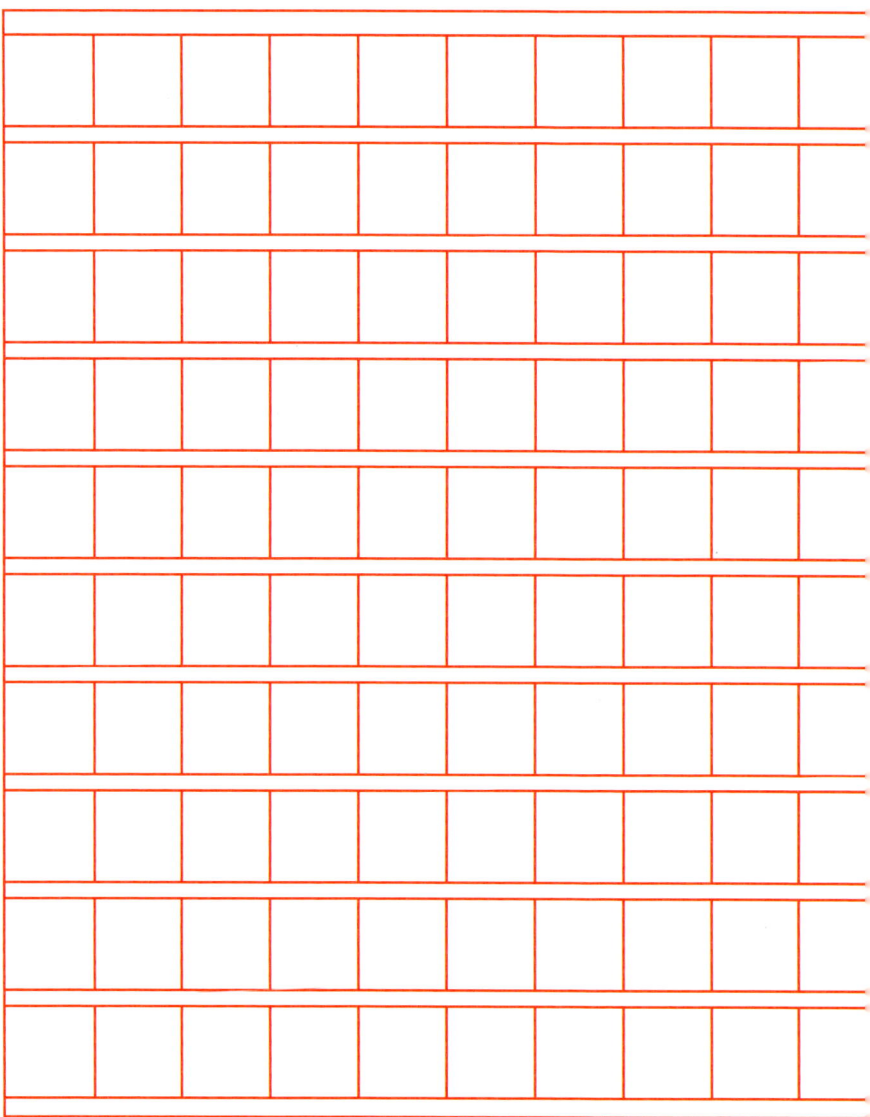

앞에서 배운 원고지를 쓰는 방법에 따라, 제목부터 소속과 이름, 독후감까지 직접 원고지에 글을 써 볼까요?

작가의 말

작가 윤희솔

《건이의 독후감》으로 다시 만난 여러분, 정말 반가워요.
《후야의 일기》에서 우당탕 사고뭉치였던 건이가 독후감을 쓰다니, 놀랐나요? 후야가 쓴 다른 글을, 특히 '독후감'을 보고 싶다는 친구들을 많이 만났어요. 다른 친구가 쓴 글을 읽으면, '아하! 나는 이렇게 써야지!' 하고 생각이 번뜩 날 때가 있잖아요. 건이의 독후감이 여러분의 글쓰기에 도움이 될 것 같아서 《건이의 독후감》을 열심히 준비했답니다. 건이 친구들과 함께 책 속 여행도 떠나고, 건이가 삐뚤빼뚤 쓴 독후감도 읽다 보면, 어느새 여러분도 멋진 독후감을 완성하게 될 거예요.

독후감글 건이★

우아! 정말 반가워요!
제가 이날을 얼마나 손꼽아 기다렸는지 몰라요.
《건이의 독후감》을 두 손에 들게 될 생각을 하니 가슴이 두근거려요.
《후야의 일기》에서 제가 너무 까불었지요?
원래 그게 제 모습이긴 하지만(긁적긁적), 저에게는 이렇게 독후감도 쓰고, 책도 차분히 읽는 진득한 모습도 있답니다!
《건이의 독후감》에는 제가 쓴 독후감과 독후 활동뿐 아니라 책 속 세상으로 쑤욱~ 들어가서 이것저것 참견하고 싶은 제 마음이 가득 담겨 있어요.
저랑 같이 책 속 세상 여행도 하고, 독후감도 휘리릭 써 볼래요?

그림작가 성현정

글쓰기에서 둘째가라면 서러운 '독후감'으로 여러분을 다시 만나게 되어 진심으로 반갑습니다.
자기 이름을 거꾸로 쓰던 5살의 건이가 성장하여 이렇게나 멋진 독후감을 썼다니 감회가 새로워요.
때로는 글쓰기가 지루하게 느껴지는 친구들도 있을 거예요.
건이도 이번 3권을 준비하며 많은 어려움을 겪었거든요.
그럴 땐 방법을 바꿔 보는 것도 좋은 수가 될 수 있답니다.
그래서 '독서 감상화'나 '생각 그물' 등으로 하는 독후 활동도 이번 3권에 담아 알차게 준비했어요.
여러분의 글쓰기 활동이 더욱더 다양하고 즐거워지기를 바랍니다.

《건이의 독후감》에 관한 궁금증을 풀어 드립니다!

Q. 1, 2권은 형 후야의 이야기였는데, 3권에서는 동생 건이가 주인공이 되었어요. 건이는 기뻤겠지만, 후야는 조금 아쉽기도 했을 것 같아요. 건이와 후야의 소감이 궁금해요.

> 제가 얼마나 《건이의 독후감》을 기다렸는지 몰라요. 가족과 함께 책을 고르고, 읽고, 이야기하는 것까지는 참 재미있었는데, 역시 독후감 쓰기는 어려웠어요. 하지만 책을 읽을 친구들을 생각하며 불끈 힘을 내서 독후감을 썼어요. 저의 서툰 독후감이 부끄럽기도 하지만, 친구들이 '이 정도는 나도 쓸 수 있겠는걸?' 하고 용기를 내면 정말 기쁠 것 같아요!

> 건이의 독후감을 보고, 독후감에는 익숙한 책도 완전히 다르게 보이게 하는 신기한 힘이 있는 걸 발견했어요. 분명히 읽은 책인데도, 건이의 독후감을 읽으면서 '이런 내용도 있었네!', '이렇게 생각할 수도 있구나!' 하면서 무릎을 친 게 한두 번이 아니에요. 《후야의 일기》와 《건이의 독후감》 모두, 글쓰기를 어려워하는 친구들에게 도움이 됐으면 좋겠어요.

Q. 건이는 한 달에 책을 몇 권 정도 읽나요?

> 음, 책을 정확히 몇 권 읽는지는 잘 모르겠어요. 심심할 때 소파에 벌렁 드러눕거나 거실 바닥에 엎드려서 책을 읽는 게 습관이라서요. 읽은 책을 또 읽기도 하고요. 참, 엄마가 정해 주신 책은 날마다 20쪽 이상 읽어야 하는데, 글이 많고 두꺼워서 한 달에 두세 권 정도 읽는 것 같아요.

Q. 솔 샘과 성현정 선생님이 가장 좋아하는 책도 궁금해요!

> 제가 제일 좋아하는 책은 《지각대장 존》이에요. 해마다 우리 반 학생들을 만나는 첫날 읽어 주는 책이지요. 이런저런 학급 규칙을 설명하는 대신 "선생님은 너희가 '등교하는 길에 사자를 만나서 늦었어요.'라고 해도 믿을 거야. 선생님은 너희를 믿고 다 들어 줄 테니, 너희도 진실을 말해 주렴." 하고 말해요. 《지각대장 존》은 제가 아이들의 말에 귀 기울이는 어른이 되게 해 준 소중한 책이랍니다.

> 저는 초록색 브라키오사우루스가 나오는 《우리는 조구만 존재야》라는 책을 좋아해요. 사실 솔직히 말하면, 저는 책을 많이 읽는 편이 아니랍니다. 하지만 이 책은 글밥도 많지 않고, 무엇보다도 귀여운 그림과 따뜻한 글귀들이 위로가 되어 앉은자리에서 다 읽었어요. 저처럼 책에 흥미를 갖기 어렵다면, 이런 단순한(?) 책을 먼저 읽어 보는 것도 도움이 될 거라 생각해요.

초판 1쇄 인쇄 2022년 9월 14일 초판 1쇄 발행 2022년 9월 28일

글 윤희솔
독후감 건이
그림 성현정(아이앤드로잉)
펴낸이 이승현

편집3 본부장 최순영
교양 학습 팀장 김솔미 **편집** 이연지
키즈 디자인 팀장 이수현 **디자인** 디자인이팝

펴낸곳 ㈜위즈덤하우스 **출판등록** 2000년 5월 23일 제13-1071호
주소 서울특별시 마포구 양화로 19 합정오피스빌딩 17층
전화 02) 2179-5600 **내용문의** 02) 2179-5727
홈페이지 www.wisdomhouse.co.kr **전자우편** kids@wisdomhouse.co.kr

ⓒ 윤희솔·성현정, 2022

ISBN 979-11-6812-434-9
　　　979-11-91308-17-4(세트)

* 이 책의 전부 또는 일부 내용을 재사용하려면 반드시 사전에 저작권자와
  ㈜위즈덤하우스의 동의를 받아야 합니다.
* 책값은 뒤표지에 있습니다.
* 이 책의 사용 연령은 6~13세입니다.

저작권 출처

《인사할까, 말까?》
허은미, 김효진 / 웅진다책
본문 10~35쪽

《화가 호로록 풀리는 책》
신혜영, 김진화 / 위즈덤하우스
본문 36~51쪽

《만복이네 떡집》
김리리, 이승현 / 비룡소
본문 52~65쪽

《나무들이 재잘거리는 숲 이야기》
김남길, 끌레몽 / 풀과바람
본문 66~85쪽

《선생님, 바보 의사 선생님》
이상희, 김명길 / 웅진주니어
본문 86~111쪽

《팥죽 할멈과 호랑이》
백희나, 박윤규 / 시공사
본문 112~135쪽

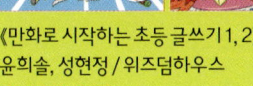
《만화로 시작하는 초등 글쓰기 1, 2》
윤희솔, 성현정 / 위즈덤하우스
본문 136~157쪽